Jardins
publics & privés

Le HAVRE

Maquette : Véronique Humbert, Hervé Guillaume.

Imprimé par : Eurografica, Italie
Dépôt légal : novembre 2003
ISBN : 2-912548-27-6

Jardins
publics & privés

Le HAVRE

Photographies Dominique Lenclud
Textes Herve Guillaume

Le lou du lac
ÉDITEURS

Jardins publics

Ville du Havre & Port autonome

Jardins privés

le Havre et ses environs

Le jardin de la Bouteillerie, parc de Rouelles.

Les jardins publics

Ville du Havre & Port autonome

Si l'on vous parle du Havre, vous pensez tout de suite à un port, à d'énormes ferries et porte-conteneurs, à des quais et à des docks, à des industries, voire à une longue grève, mais jamais à des jardins. Comme si la végétation n'y avait pas droit de cité ! Pourtant comme tous les Havrais, amateurs d'une certaine qualité de vie, le savent, les espaces verts ne manquent pas dans la ville ; les plantes grignotent pas à pas le bitume. Selon votre humeur, visitez le jardin d'eau ouvert sur la ville, ou bien le square riche en beaux arbres, ou encore le défilé d'herbes sauvages au bord de la mer. A moins que vous ne préfériez prendre une leçon de jardinage dans un jardin de style anglais ou vous initier à la symbolique du paysage japonais. Partez vous promener dans les parcs et les forêts ou allez découvrir des collections étonnantes de végétaux. Ne serait-ce qu'au détour d'une rue ou en bordure de grandes avenues, la nature est présente. Elle métamorphose un parking banal ou un talus abrupt en moutonnement végétal et habille de vert les abords de sites industriels. Bonne nouvelle, la nature va bientôt investir le Fort de Sainte-Adresse.

Le parc de Rouelles

A quelques minutes du centre du Havre, sur le site de la Bouteillerie, le parc de Rouelles offre une diversité de paysages assez rare si près d'une grande ville. Sur cent cinquante hectares, d'immenses prairies entourent des étangs, des marais se cachent au milieu des saules et les bois ou les taillis abritent les animaux en quête de tranquillité. De nombreux chemins sillonnent la parc, offrant des promenades sur une vingtaine de kilomètres. Sur l'ancien emplacement d'un potager, un magnifique jardin de vivaces, véritable leçon de jardinage et de botanique, a été créé pour les amoureux des plantes. Enfin, sur le plateau d'Ardennes, l'arboretum de près de deux cents arbres vit deux temps forts : la floraison rose et blanche des aubépines et la coloration automnale des chênes et des érables.

Le parc de Rouelles, situé entre Montivilliers et Caucriauville est traversé par les départementales 32 et 231. Une réussite à signaler : près du centre équestre, le parking "paysagé" qui cache les voitures grâce à de beaux moutonnements de symphorines.

Fleurs et feuillages

Le feuillage gris des saules, très nombreux dans ce parc, s'harmonise avec l'écorce des bouleaux. Mais, viornes fleuries ou en fruits, cyprès chauves, hêtres, saules tortueux ou sureaux n'ont rien à leur envier. Les nénuphars en fleurs lancent des éclats colorés sur de grandes étendues d'eau bordées de graminées, de joncs et d'iris. Autour des cours d'eau plus sauvages, roseaux aux épis noirs et consoudes roses ou blanches prennent le relais.

Ce parc juxtapose avec bonheur parties naturelles, élaborées ou sauvageonnes. Des prairies dévalent des pentes douces, dont souvent, seule une partie est tondue. L'autre, gardant ses graminées et ses herbes sauvages, fauchée seulement une fois l'an, devient ainsi un vrai conservatoire. Deux grands lacs alimentés par des sources et des étangs sont le refuge des poules d'eau, des canards et des carpes. Enfin, les marais entourés de saules et de roseaux viennent d'être réaménagés avec des canaux pour les irriguer et des plantations de végétaux anciens.

En arrivant par l'entrée proche du centre équestre, une jolie promenade, pour parvenir au manoir de la Bouteillerie et à l'ensemble des bâtiments qui l'entourent, donne un aperçu de la diversité de ce parc. Il faut d'abord traverser de grandes prairies, contourner des étangs, emprunter un chemin passant par un petit pont de bois gardé par un hêtre pourpre, tel une sentinelle. Puis on pénètre dans une partie nettement plus sauvage où des cours d'eau, aux berges retenues par des bordures en bois tressé, se faufilent à travers les taillis. Enfin, avec en arrière plan un très beau bâtiment en pierre noire et blanche, on aperçoit le pigeonnier. Edifié en 1631, il est considéré comme l'un des plus beaux du Pays-de-Caux. Tout en silex noir, strié régulièrement de pierres blanches sur sa hauteur, on peut voir, gravées sur la porte, les armoiries de la famille de la Bouteillerie et, assez insolite sur un pigeonnier, un cadran solaire. Le tout, nimbé d'une teinte bleutée, dégage un aspect certes un peu sévère, mais quelle allure ! L'ancien manoir, exemple parfait de l'architecture cauchoise, recèle au rez-de-chaussée une collection d'outils et d'objets traditionnels normands. La Bouteillerie, disparaissant sous la glycine, réunit tous les instruments nécessaires à la fabrication du cidre, y compris évidemment l'alambic tandis que l'ancienne étable sert à des expositions temporaires.

Cet ensemble de bâtiments, aussi beaux que sévères, est vite adouci par des plantations. Des massifs de rhododendrons éclatants de couleur sont chargés de l'accueil ; un arbre vient caresser un toit de ses fleurs en forme de clochettes pendant que les viornes étalent leurs branches fleuries et que de grandes roses trémières illuminent les façades. Une glycine a décidé de faire disparaître tout un mur sous ses grappes mauves et même des persistants comme le buis, le laurier et le laurier-tin contribuent à tromper l'austérité des lieux en dessinant devant les portes de grosses boules aux contours doux dont la couleur ressort vivement sur le gris foncé des façades. De là, l'accès au jardin de plantes vivaces, implanté sur le site d'un ancien potager, est aisé à trouver en longeant simplement la petite haie qui le domine.

La Bouteillerie

Conçu comme un jardin privé, le jardin de plantes vivaces pourrait servir de modèle à bon nombre de jardiniers. Dans une architecture rigoureuse, les plantations jouent la diversité autant que l'harmonie. L'ossature en est un axe fort allant d'un point d'eau, un bassin octogonal, à un autre, un étang qui se trouve dans le prolongement de la grille d'honneur. Une haie s'enroule en arc de cercle autour du bassin, protégeant des bancs gardés par quatre chênes fastigiés dont les fûts allongés réveillent la perspective. De part et d'autre, des haies d'ifs dessinent des créneaux abritant, dans chaque renfoncement, des fleurs de couleur vive. De larges allées en gazon reposent l'œil avant d'aborder d'un côté, une *mixed-border* très colorée, de l'autre, une pergola et un ensemble de plantes d'ombre accompagnant un ruisseau.

Ce jardin n'a pas encore dix ans et paraît cependant bien plus âgé tant il est épanoui. Les pergolas en *Red Cedar*, tout comme les bancs ou les gloriettes, profitent de la belle teinte gris clair du bois pour mettre en valeur rosiers, chèvrefeuilles, vignes ou clématites qui grimpent avec entrain.

C'EST AVEC UNE FIERTÉ BIEN JUSTIFIÉE, QU'ERIC TOUTAIN RACONTE COMMENT, LUI ET L'ÉQUIPE DONT IL EST RESPONSABLE, ONT CRÉÉ, ORGANISÉ, PLANTÉ CE JARDIN. ILS CHANGENT ET DISPOSENT LES PLANTES SELON LEURS ENVIES ET LE RÉSULTAT PROUVE BEAUCOUP DE SENSIBILITÉ ET DE SAVOIR. ETRE NÉ À ROUELLES Y SERAIT-IL POUR QUELQUE CHOSE ?

S'adossant à un beau mur typiquement cauchois, une large *mixed-border* à la végétation exubérante l'accompagne sans faiblir sur toute sa longueur. Des massifs de fleurs se côtoient ou se mélangent en parfaite harmonie et les floraisons très généreuses de ces plantes s'échelonnent avec succès. On imagine aisément le travail lorsque l'on sait qu'il faut les remplacer tous les deux ans ou les diviser pour éviter qu'elles se dégarnissent ! Toutes ces vivaces finissent par dessiner des moutonnements que certaines plantes de forte architecture dynamisent, *gunnera* ou *rhumex*, laissant à de belles touffes de graminées le soin d'alléger l'ensemble. Certes la diversité est à la base de cette réussite mais elle ne serait pas suffisante sans l'art de réussir de beaux mariages.

Les géraniums vivaces forment la base de cette *mixed-border*. Ils s'étalent en d'énormes massifs mais dans des coloris très variés s'harmonisant avec leurs compagnes. Roses avec les petits œillets rouges, bleus lorsqu'ils entourent les *tradescantia* ou les chardons des Alpes ou encore mauves avec de grosses fleurs ressemblant à celles des cistes en compagnie de la lavande ou de la sauge. Des pavots sont disséminés parmi eux, avec l'euphorbe *characias* qui se fait remarquer avec son bel œil noir tandis que l'euphorbe *myrsinites* rappelle la couleur orange des hémérocalles. De l'autre côté du jardin, bordant un ruisseau, une petite collection de hostas accompagnée d'astilbes, d'iris et de fougères, crée une ambiance plus sauvage avec une jolie fontaine encadrée d'hortensias et de primevères.

Le jardin de la plage

Il y a d'un côté la dune, plantée de graminées et de vivaces, qui prolonge le bord de mer en galets et sa digue-promenade en bois bordée de pelouses ; de l'autre, la ville, avec sa contre-allée en briques rouges doucement inclinée comme pour rappeler la pente de la mer. Entre les deux, faisant la liaison, le jardin de la plage. Tout autour, le bleu et le blanc prédominent : le ciel, la mer, les galets, les drapeaux en forme de voiles et les petites cabanes sagement alignées. Agé d'à peine dix ans, ce jardin a atteint sa pleine maturité. Adoptant les coloris doux des graminées, il suit dans ses détours une rivière d'eau douce alimentée par une source toute proche. Son aspect naturel, avec ses herbes folles et ses plantes aquatiques, l'intègre parfaitement au paysage des dunes.

Ce jardin n'est vraiment pas difficile à trouver puisqu'il longe à la fois la mer et le boulevard Albert-Premier. Il commence à peu près au niveau de la rue Guillemard et se termine avant la place Clémenceau.

Légèreté et naturel caractérisent ce jardin plein de vie. Il est placé sous l'emblème de l'eau qui s'écoule doucement, couvrant momentanément le bruit de la mer qui vient heurter les galets ; mais aussi sous celui du vent que rappellent le mouvement et le balancement incessant des graminées sur fond de drapeaux qui n'ont de cesse de s'agiter. Bois et galets participent au dessin du jardin, des petits ponts de bois enjambant à intervalles réguliers la rivière, gardés de chaque côté par d'imposants blocs de pierre arrondis, tels de gros galets, à l'aspect adouci par des graminées. Les dunes servant de berges sont plantées d'oyats, de gazon d'Espagne ou de crambes maritimes mêlées aux *miscanthus* et aux stipes qui zèbrent l'ensemble. Dans ce jardin, dominent les couleurs douces des graminées, dans des dégradés de beige et marron, accompagnées d'une mosaïque de tons verts venant des plantes aquatiques qui peuplent le cours d'eau. Selon les saisons, il se ponctue de touches colorées : jaune des iris, blanc des choux maritimes et des floraisons des *miscanthus*, gris bleu des fétuques et des *elymus arenarius* ou rose des salicaires.

Les plantes aquatiques occupant le cours sinueux de la rivière sont si diverses qu'elles changent l'aspect du jardin et le divisent en scènes bien différentes. Tantôt les joncs, très présents, dressent leurs tiges raides terminées par des manchons marron foncé presque noirs, tantôt ce sont les *sagittaria* qui étalent fièrement leurs feuilles vertes en forme de flèches. Ailleurs les lentilles d'eau, jusqu'ici dissimulées, peuvent enfin se montrer avant de disparaître à nouveau, là où les iris recouvrent entièrement l'eau de leur feuillage lancéolé. Evidemment, toutes ces plantes, une fois fleuries, créent des dominantes de couleur qui égaient cette coulée verte. Jaune et bleu violet pour les iris, rose des joncs fleuris, blanc des flèches d'eau ou mauve des *pontederia*. De toute façon, l'uniformité ne menace pas. Même si les plantes aquatiques, un court laps de temps, revêtent un habit vert, les graminées qui les entourent réveillent l'ensemble avec leur éclat argenté, bleuté ou rosé. Ce jardin est protégé, côté mer, par des brandes de bruyères et, côté ville, par des plantations de petits troènes en boules, de saule ou d'*elaeagnus* pour dissuader les intrusions qui perturbent les plantes.

Les graminées

Ces sauvageonnes règnent sur le jardin. Les stipa tenuifolia, *appelés cheveux d'ange, mettent une note dorée, les carex une pointe de marron et les fétuques une touche bleue. On remarque de loin les grands* miscanthus *ou eulalies surtout lorsqu'ils arborent des plumets blancs et soyeux ; leur variété 'Zébrina' aux feuilles zébrées de jaune joue la fantaisie.*

Dominique Bretagne s'occupe du jardin depuis 1996 et elle à fort à faire. En effet, les graminées n'étant pas considérées comme des fleurs et ce jardin, proche du paysage, n'ayant pas de frontières, les gens en profitent pour faire des incursions parfois dommageables pour les végétaux sans s'en rendre compte. C'est aussi un lieu où les mauvaises herbes s'insinuent en profondeur et où le cresson envahit régulièrement l'eau et doit être arraché à la main !

Une promenade au bord de mer

Au-delà du jardin de la plage, on aperçoit une prairie sauvage tout en pente. Plantée de coquelicots rouges mais aussi jaunes et roses, de soucis, de marguerites, d'*eschscholtzia* jaunes et oranges ou de petits œillets, elle offre une bouffée de fraîcheur inattendue. Face à la mer, cette plantation champêtre s'étend en de longues coulées irrégulières dégringolant d'un mur de galets rappelant ceux de la plage et sur lequel les coloris ressortent vivement. Dans le prolongement, aux pieds d'une construction en bois, a été créé un petit espace mariant en parfaite harmonie, minéral et végétal. Réalisé dans l'esprit du jardin de la Plage, il s'agit cette fois, pourtant, d'un jardin sec. On y retrouve les graminées, les fleurs blanches de la crambe maritime et d'énormes pierres arrondies contrastant avec les feuilles agressivement pointues des phormiums ; en arrière-plan, les feuillages gris des arbustes s'allient à la couleur des galets qui cachent entièrement la terre.

le square Saint-Roch

Parlez aux Havrais de leurs jardins publics ; celui auquel ils pensent en premier, apparemment leur préféré, est le square Saint-Roch, situé en plein cœur de la ville. Détruit en 1944, il est restauré deux ans plus tard puis totalement redessiné en 1968 pour lui donner un style nouveau. Tout en sinuosités, il se compose d'îlots de charme, plantés d'azalées et de rhododendrons, de roses et de tulipes ou tout habillés de bleu avec des pensées et des myosotis. Il se pare d'une touche de romantisme avec son kiosque style 1900 refait à l'identique et son plan d'eau balayé nonchalamment par les branches des saules pleureurs. Toutefois les fleurs n'y jouent pas le rôle principal ; ce sont des arbres remarquables, parfois rescapés de la guerre, qui sont les vraies vedettes de ce jardin.

Situé entre l'Hôtel de Ville et la porte Océane, ce square est très facile d'accès. Plusieurs entrées permettent de le traverser : rue Georges-Braque, avenue Foch ainsi que rue Raoul-Dufy.

Pour saisir une vue d'ensemble de ce jardin aux nombreuses allées tout en courbes qui se croisent et se recroisent, dévoilant au fur et à mesure au promeneur des ambiances bien différentes, il faut monter quelques marches conduisant à des jets d'eau qui jaillissent du sol légèrement incurvé. Appuyé à la barrière en bois, gardée par un adorable érable et un cotoneaster, vous voyez, d'un côté, le kiosque à musique "Belle Epoque", copie conforme de celui construit en 1903 et détruit par la guerre et, de l'autre, le plan d'eau qui serpente à vos pieds en se glissant gaiement sous un petit pont japonisant. Sur les deux hectares du jardin, se répartissent de beaux arbres qui ponctuent les divers centres d'intérêt et attirent le regard. Des massifs tout en rondeurs, rappelant les courbes douces des allées, ont trouvé protection sous leurs ramures ; c'est ainsi qu'un platane cache une partie de son tronc au milieu d'un massif d'élaeagnus au feuillage gris ou qu'un hêtre pourpre protège une colonie de hostas. Un cotoneaster constellé de boutons roses fait le gros dos tout comme les rhododendrons ou les orangers du Mexique au parfum délicieux. Mais c'est un impressionnant moutonnement de chèvrefeuilles rampants qui illustre le mieux la beauté de ces lignes douces. L'exotisme n'est évidemment pas oublié dans ce jardin : feuilles énormes des pétasites, celles encore plus imposantes des *gunnera* aux fruits étranges ou plantations de palmiers et de *fatsia* au feuillage profondément découpé.

Même si les fleurs ne sont pas l'élément essentiel de ce square, elles ajoutent de nombreuses touches de couleur pleines de gaieté qui animent le jardin. Une roseraie regroupant dix-huit variétés attend sagement la fin des tulipes plantées parmi les rosiers pour, à son tour, faire admirer ses fleurs épanouies durant tout l'été. Un peu à l'écart c'est la rose "Ville du Havre", récemment redécouverte, qui tient la vedette avec sa couleur rouge violine et son parfum entêtant qui vous accompagne un bon moment. Des plates-bandes de pavots d'Islande, de giroflées et de pensées vont bientôt laisser la place aux plantations d'été après avoir bien rempli leur contrat en ensoleillant tout l'hiver et le début du printemps. Des iris jaunes mettent des reflets d'or sur la pièce d'eau qui se teinte un peu plus loin de bleu sous l'influence des céanothes. Les ornithogales accompagnent les orangers du Mexique pour composer de larges touches blanches tandis que les weigélias en fleurs forment un petit îlot rose à côté des rosiers. D'autres arbustes comme les viornes, les azalées, les rhododendrons, les tout nouveaux althaeas ou le cytise contribuent à la mise en couleur avec des floraisons qui ne passent pas inaperçues. Enfin certains arbres, offrent eux aussi un spectacle somptueux comme les tulipiers de Virginie et les magnolias avec leurs grandes fleurs blanches parfumées, les cerisiers à fleurs ou l'arbre de Judée tout de rose vêtu.

C'est une longue histoire entre ce jardin et le jardinier qui en est actuellement responsable puisqu'il a commencé à y travailler, il y a vingt-huit ans ! Comme le temps passe vite, se dit-il en regardant chacun des arbres qu'il considère comme ses enfants. Eux aussi sont parfois malades, ou bien ils ont du mal à s'adapter au début et c'est pourquoi "il faut les former, les surveiller de près pendant cinq, six ans et ensuite ils vivent leur vie". Maintenant il n'y a plus guère de place pour de nouvelles plantations. Juste pour un petit dernier, le sophora et le remplacement des saules déracinés par les tempêtes.

Le bleu de

anothes vibre avec le vert du fond des bassins...

Bruissement d'eau...

Depuis le petit promontoire aux trois jets d'eau semblant jaillir du sol empierré, on a une vue d'ensemble sur le grand plan d'eau, point fort autour duquel tout le jardin s'organise. La main du paysagiste ne se fait guère sentir tant le spectacle paraît naturel. Et pourtant les moindres détails sont travaillés ; les couleurs s'accordent à merveille avec le ciel comme avec les végétaux. Une première harmonie douce, dans des tons bleus et verts, s'impose au regard avec un généreux massif de céanothes bleus planté au bord de la rive et qui se reflète dans une eau verte paraissant elle-même le prolongement de la pelouse tant ses couleurs en sont proches. Un peu plus loin, le petit pont en bois marque le passage vers la partie la plus large, là où de grands saules caressent paresseusement la surface de leur feuillage gris vert qui ne s'en distingue qu'en projetant des éclats argentés. Rapidement on aperçoit des iris jaune éclatant qui réveillent en sursaut une ambiance un peu trop calme et nostalgique puis le regard glisse vers d'énormes gunnera. Leurs feuilles découpées, très graphiques, aux nervures bien marquées, s'élèvent, impressionnantes, couvant des fruits étranges en forme de gros épis. Leur aspect assez rugueux s'allie parfaitement avec celui d'un trépied en fer forgé, placé non loin. Retrouvé en 1810, il provient sans doute du premier sémaphore construit en 1517, date de la création du port et il rappelle ainsi discrètement la présence de la mer. Des pétasites toutes proches s'empressent d'en adoucir les formes et la matière avec leurs grandes feuilles tendres et arrondies.

Couleur et transparence

Prenez donc le temps de vous arrêter pour admirer ces deux arbres à la floraison spectaculaire : jaune pour le cytise, rose pour l'arbre de Judée. L'un, avec ses belles grappes se balançant au gré du vent, prend un petit air romantique ; l'autre est une véritable curiosité car ses fleurs, non contentes de décorer les branches, poussent carrément à même le tronc.

De très beaux arbres ont pris leurs habitudes au square Saint-Roch, à commencer par deux platanes rescapés de la guerre. Certains sont connus comme le chêne ou le magnolia mais ce dernier a bénéficié d'une idée intéressante qui a consisté à disposer à ses pieds un tapis de mulch à la mesure de son envergure où viennent se perdre les feuilles qui tombent. D'autres ont une silhouette et un port étonnants : le cyprès chauve avec des feuilles semblables à celle de l'if et

s'élevant en pyramide, le cèdre de l'Himalaya impressionnant par ses dimensions ou le sophora pleureur encore tout jeune mais décidément prometteur. Les palmiers, assez inattendus au Havre, rappellent toutefois ceux qui décorent tout l'été la promenade en bord de mer et, peu courant, un beau frêne à fleurs en grappe et au tronc tout troué provoque bien des interrogations avant qu'on le reconnaisse. Il reste encore les arbres qui se font remarquer par leur couleur, tels le hêtre pourpre, l'eucalyptus bleu, les érables rouges et jaunes à l'automne ou l'arbre aux 40 écus qui, comme son nom l'indique, se couvre d'or à la même saison. Allez donc leur rendre visite et amusez-vous à les reconnaître.

Le jardin de l'Hôtel de Ville

Ce jardin fut d'abord dessiné par l'architecte Auguste Perret qui détestait la végétation et n'offrait donc au regard qu'un espace presque entièrement minéral. Il fut refait en 1990 et si la fameuse trame architecturale des six mètres et les bâtiments néo-classique en béton que l'on retrouve dans toute la ville du Havre ont été conservés, il s'est habillé d'arcades en bois couvertes de plantes et s'est peuplé de plates-bandes aux fleurs colorées, de pelouses et de nombreux bassins. Les Havrais, avides d'espaces verts, ont investi ce jardin intimement lié à la ville. Certains ne font que le traverser, mais beaucoup s'y arrêtent et prennent le temps d'admirer les parterres colorés ou écoutent l'eau qui jaillit dans les différents bassins.

On peut accéder à ce jardin dont l'Hôtel de Ville sert de toile de fond, par trois grands axes principaux : l'avenue Foch, le boulevard de Strasbourg ou bien la rue de Paris qui le relie directement à la mer.

Le jardin de l'Hôtel de Ville encadré par deux buffets d'eau dont l'un, au sud, vraiment monumental, se prolonge par un canal, a été conçu selon un plan rigoureux. Tracé à angles droits, il est habilement adouci par de nombreux parterres fleuris, des pelouses et des galeries en arches de belles proportions. Couvertes de végétaux, ces structures en bois deviennent de vraies architectures de verdure qui cassent la rigidité du béton si cher au cœur d'Auguste Perret dont on connaît le peu de goût pour le végétal en général et pour les fleurs colorées en particulier. Jouant le rôle du cloître des abbayes, ces passages aux voûtes arrondies ou aux toits pointus invitent à la promenade et presque à la réflexion. Ils procurent, à l'ombre de la végétation, un sentiment de protection lorsqu'on aperçoit à travers les piliers les grandes avenues pavées où se croisent passants pressés, vélos ou joggeurs. Sur ces arcades, la vigne vierge et la passiflore dessinent un damier vert ; le chèvrefeuille grimpe allègrement et embaume l'air du parfum de ses fleurs tandis qu'un peu plus loin, l'*akebia* et l'hortensia grimpant, nouvellement plantés, essaient de rattraper leur retard sans oser encore rivaliser avec la glycine qui s'enroule en torsade et laisse retomber ses grappes violettes. Toutes ces plantes grimpantes, en recouvrant totalement ou partiellement le bois, créent un jeu de lumières intéressant qui change selon les heures ; contraste que l'on retrouve également avec les dessins en créneaux des haies taillées d'ifs et de charmes qui les encadrent.

Né sous le signe de l'eau, élément prédominant, ce jardin, bien que restant dans les tonalités gris blanc et bleuté des esplanades pavées, fait la part belle au vert des pelouses et aux coloris forts des floraisons. Aux carrés d'eau claire répondent des carrés de plantes fleuries et les grandes vasques de pensées jaunes du printemps réchauffent et réveillent les espaces en pierre qui pourraient devenir monotones. Ici ou là, de petites touches colorées selon les saisons de rhododendrons et de plantes aquatiques complètent le tableau. Les haies vertes de troènes, de charmes et d'ifs permettent aux couleurs vives de mieux ressortir et structurent les espaces, se transformant parfois en gros cubes pour mettre en valeur une statue ou pour dissimuler une construction.

Dans ce jardin public où l'eau et le minéral jouent un rôle important, une mosaïque de couleurs et de fleurs apporte sa contribution à l'équilibre de l'espace. Il y a le vert du gazon et de l'herbe qui empiète parfois sur la pierre… dans les limites permises ; le rouge des briques formant un petit chemin le long des pelouses, le vert encore, mais plus foncé, et les coloris des différentes floraisons des plantes aquatiques ou encore des plantes grimpantes sur les arches en bois. Mais ce sont surtout les plates-bandes fleuries aux teintes éclatantes que l'on remarque. D'octobre à mai, les pensées jaunes et bleues accompagnées de giroflées oranges et de myosotis règnent sans contestation, apportant gaieté et luminosité pendant tout l'hiver. En mai, changement de décor et place à d'autres tons ! Cette fois, c'est la fête du rouge avec les bégonias et les impatiens mêlés aux verveines, celle du blanc avec le feuillage du *calocephalus* s'étalant aux pieds des grands tabacs *sylvestris* ou bien encore celle du rose des lavatères, par exemple, qui s'harmonise en douceur avec le bleu des *solanum* et des sauges. Enfin, octobre va clore en apothéose une saison bien remplie avec le feu d'artifice des chrysanthèmes. N'oublions pas l'espace de jeux réservé aux enfants qui, entièrement recouvert de gazon synthétique vert imitant des mouvements de terrain, y ajoute sa note de gaieté.

GUY ALAIN MICOUT RESPONSABLE DE CE JARDIN, TRAVAILLE ICI DEPUIS DIX ANS. SI LES PLANTATIONS SONT DÉCIDÉES LONGTEMPS À L'AVANCE PAR L'ÉQUIPE DU FLEURISTE MUNICIPAL, C'EST LUI QUI A EN CHARGE TOUS LES SEMIS, LES BOUTURES À DISPOSER, PLANTER ET SURVEILLER, SANS COMPTER LE NETTOYAGE DES MAUVAISES HERBES OU LA TAILLE DES ARBUSTES. IL A INTÉRÊT À ÊTRE EN PLEINE FORME EN MAI ET EN OCTOBRE, QUAND ARRIVE LE MOMENT DE CHANGER TOUTES LES PLANTATIONS PUISQU'IL S'AGIT DE PLANTES ANNUELLES !

Si un mot et un seul devait définir ce jardin public, ce serait “eau”. L’eau est en effet omniprésente et fort bien maîtrisée. De cascades en jaillissements, elle s’assagit pour réapparaître un peu plus loin, continuant à faire entendre sa petite musique pleine de gaieté. Au sud, un buffet d’eau monumental s’écoulant dans de nombreux bassins étagés et décorés de jets se situe au pied même de l’Hôtel de Ville et se termine par un canal. Dans le prolongement exact de ce dernier, à l’autre extrémité du jardin, une autre fontaine en cascades, toutefois moins importante, prolonge la perspective qui s’échappe ensuite vers la mer par la rue de Paris.

De grands espaces vides ont été conservés tout autour du grand bassin. Une large place a été laissée au minéral car les pièces d’eau, une fois recouvertes de planchers, permettent des représentations et des spectacles qui animent encore plus ce jardin. Tout un enchaînement de bassins, plus ou moins grands, certains à fleur de pierre, d’autres plus profonds, ponctuent l’espace et de chaque côté, les plus petits, carrés, sont ornés de boules en pierre qui tournent sur elles-mêmes.

L'omniprésence de cette eau nous rappelle que la ville du Havre a été construite sur des marais, asséchés par des Hollandais, spécialistes en la matière ! Certains bassins sont habités d'étranges animaux en fer, faits de matériaux de récupération, semblables à ceux qui veillent à l'entrée de Harfleur et de Gonfreville, œuvres d'un artisan local. Mais, accompagnant des jets d'eau discrets, ces bassins sont aussi décorés de plantes aquatiques tel l'iris versicolor bleu, les renoncules d'eau jaunes ou de nombreux joncs. Les nénuphars étendent peu à peu leurs feuilles et leurs belles fleurs roses et rouges s'ouvrent brusquement comme dans un film en accéléré. Les *acorus* aux feuilles panachées ressemblant à celles des iris se dressent et les *butomus umbellatus* se préparent à montrer en été leurs jolies ombelles roses.

On appelle au Havre "Fleuriste municipal" cet ensemble de serres d'où proviennent toutes les plantes de la ville, qu'elles soient destinées aux jardins, aux bureaux ou à décorer les rues. C'est là qu'elles voient le jour, grandissent et sont multipliées avant d'aller, en bonne santé, poursuivre leur aventure. Cette gigantesque nurserie est formée d'un nombre impressionnant de serres, recélant chacune des trésors particuliers, sans compter un jardin consacré aux plantes parfumées ; 5 000 m^2 répartis en serres chaudes, froides ou tempérées pour élever les plantes mais aussi pour constituer des collections de végétaux de tous les pays. Ici, naissent les idées et les futures floraisons qui feront voir aux Havrais la vie en rose, en jaune ou en bleu !

Au milieu des serres a été créé un joli petit jardin réservé aux plantes parfumées. Rosiers et chèvrefeuilles colonisent les pergolas ; l'hortensia grimpant côtoie groseillers et kiwis sur le mur du fond. Géraniums, valérianes et santoline accompagnent les rosiers *rugosa* alors qu'ailleurs, thym, sauge et chicorée sauvage sont parsemés de fenouil. En point final, une viorne *carlcephalum* et, en arrière fond, des bruits de basse cour, tout proche, assez inattendus. Si certaines serres sont réservées aux annuelles, d'autres servent d'écrin à des trésors : hibiscus fabuleux, cacaoyer, papaye avec son fruit, caféier exhibant ses grains de café, cotonnier et ses boules de coton, vanille accrochée à l'orchidée qui sont autant de curiosités à découvrir.

Les quantités de fleurs produites laissent songeur. Ainsi, l'an dernier, les semis ont-ils donné naissance à 150 000 plantes auxquelles il faut ajouter celles provenant de boutures et, par exemple, 1 500 cyclamens sont partis en deux vagues d'octobre à février. Ces chiffres donnent la mesure du travail à accomplir.

Les collections

Parmi tant de collections, la plus belle est celle des bégonias, résultat d'un travail en collaboration avec le conservatoire des bégonias de Rochefort. Toutes les variétés de forme, de coloris et de texture sont représentées. Feuilles aux dessins très graphiques ou aux contours en dentelle, allant jusqu'à ne plus ressembler à la plante connue en se déguisant en plante grasse.

Bien d'autres collections réservent des surprises, à commencer par celle des orchidées et des broméliacées, débutée il y a dix ans. Délire de couleurs, de fleurs incroyables, dessinant des arabesques qu'on ne se lasse pas d'admirer. Ne manquez pas la serre des palmiers, cycas ou ficus de toutes sortes ni celle des cactées. Là, vous entrez dans le domaine de la démesure et de l'étrange au milieu de véritables sculptures végétales. Dépaysement assuré.

Jean-Marie Hébert a la lourde responsabilité de gérer cette petite "ville verte". Il doit non seulement contrôler le quotidien mais aussi proposer régulièrement à Daniel Leclercq, directeur des espaces verts du Havre, des idées pour les plantations. Mais ce qui les intéresse avant tout, lui et son équipe, c'est de faire des recherches pour obtenir des variétés nouvelles et de réaliser des échanges avec des collectionneurs.

Cette serre tropicale se trouve à côté de la maison forestière de la forêt de Montgeon. Construite il y a plus de trente ans, malgré un manque d'espace qui va bientôt obliger à un déménagement, elle permet de découvrir des fleurs tropicales souvent étranges dans un cadre enchanteur. Une cascade se jette dans un très grand bassin où paressent de somptueux nénuphars et les fameux *victoria regia* en forme d'énormes plateaux ronds à bords relevés.

Dans une atmosphère très chaude et humide, les feuillages des caladiums sont encore plus fous et colorés que d'habitude et le bananier, l'ananas ou les cycas s'épanouissent, heureux. C'est le moment de prendre une leçon de choses et de savoir enfin à quoi ressemblent le caféier, le cotonnier, le vanillier ou encore le gingembre. Ne partez surtout pas avant d'avoir admiré la fleur de porcelaine, quasiment dépourvue de feuillage, le mimosa sensitif et le *jacobinia* dont les fleurs ressemblent à un feu d'artifice.

Le prieuré de Graville est l'un des rares monuments à avoir été épargné par la guerre. Au 13e siècle, les chanoines y cultivaient des légumes et des fruits, remplacés dès 1930 par des arbres et des fleurs. Maintenant ce jardin qui se love autour de cette belle abbaye a beaucoup de caractère avec ses escaliers de pierre et ses terrasses fleuries. De superbes panoramas ponctuent les différents niveaux, chacun possédant un petit jardin caractéristique.
Sur la droite en entrant, vient juste d'être créée une parcelle réservée aux vivaces où iris nains, géraniums vivaces et campanules cohabitent déjà.

Le prieuré de Graville

Plus bas, les fleurs cèdent la place à d'immenses ifs d'Irlande dont le vent a tronqué les sommets. En remontant vers une partie plus boisée et sauvage, on ne peut qu'admirer un vieux cèdre du Liban. Il a la particularité de passer par dessus un mur ; d'un côté le tronc, de l'autre, comme poussées par la curiosité, les branches s'inclinant vers une cour intérieure. Une charmante promenade relie ce jardin à la rue de Verdun.

Aménagé à flanc de falaise, ce parc se charge de faire un trait d'union de verdure entre ville haute et ville basse. Racheté par la ville du Havre après la guerre, il a, de par sa situation, un caractère accidenté ; toute une partie escarpée est laissée aux mains de la nature alors que le reste du jardin est traité en parc paysager. Certaines essences d'arbres magnifiques comme le magnolia à grandes fleurs, le hêtre pourpre, de nombreux houx, le sequoia géant ou le cèdre du Liban créent des centres d'intérêt botanique autant que visuel. Un escalier monumental en pierre s'orne de statues de bronze et les grottes de rocailles ou les tonnelles en pierre qui entourent l'étang donnent une ambiance baroque et mystérieuse. Ce domaine est aussi devenu un immense refuge pour des espèces très différentes d'oiseaux, trop heureux d'avoir trouvé la tranquillité.

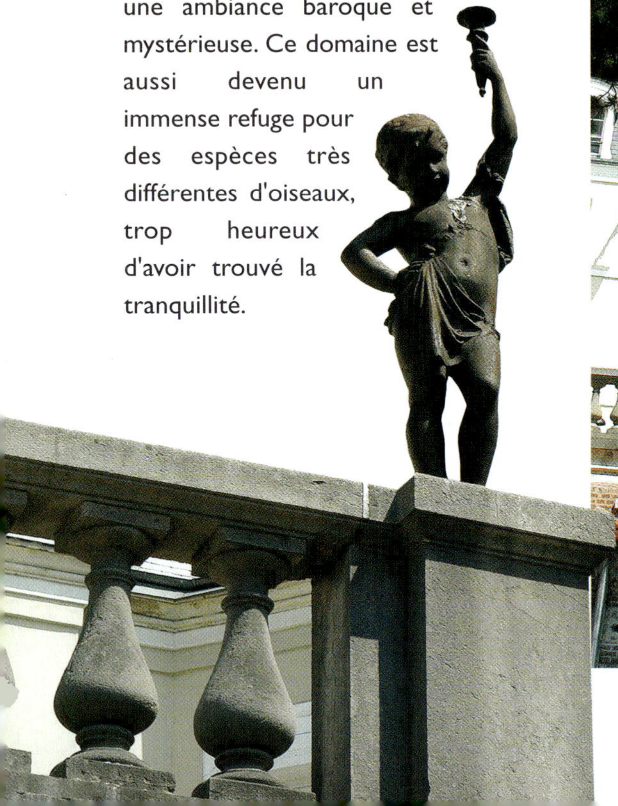

En montant l'escalier monumental, ne manquez pas de regarder sur votre gauche une petite terrasse en surplomb. Elle est joliment plantée de fleurs à l'aspect très naturel : penstemons rouges, fétuques, coréopsis jaunes qui contrastent avec la pierre grise un peu froide et la réchauffent.

Le parc Holker

Avant d'entrer dans ce jardin, prenez donc le temps de regarder les très beaux balcons de l'école, juste à côté. Ensuite, vous pourrez emprunter les passages aménagés sous des portiques en fer bleu recouverts de lierres aux petites feuilles vertes, panachées ou rondes, de glycines et d'aristoloches au feuillage en forme de coeur se découpant dans le ciel. Au milieu du jardin une fontaine et surtout, au fond, une très belle porte du 13e ou 14e siècle.

La forêt de Montgeon apparaît comme une trouée verte dans le tissu du Havre. C'est une réserve de paix avec ses deux cent hectares de bois. Tranquillité assurée, en effet, pour la faune et les oiseaux nombreux qui ont élu domicile parmi les cent-vingt mille arbres, essentiellement des chênes et des hêtres, mais aussi pour les Havrais qui peuvent y faire de grandes promenades sans jamais emprunter les mêmes sentiers.

La diversité est au rendez-vous : on y rencontre des espaces où règne le naturel avec d'impressionnants massifs de rhododendrons, d'autres plus travaillés et dûment paysagés. Il y a d'immenses pelouses pour se reposer, des terrains de jeux ou de sport pour les jeunes : chaque membre de la famille peut faire à Montgeon ce qu'il aime. Et, pour tous, un très beau lac où les canards et les cygnes ne sont pas les seuls à pouvoir glisser sur l'eau puisque l'on peut y canoter !

Jardins au coin de la rue

Le Havre, comme toutes les grandes villes, entend rendre humaine son architecture. Aussi, Daniel Leclercq, directeur des Espaces verts, a-t-il consacré ses efforts aux entrées de la ville afin de les rendre plus accueillantes, à la création de jardins familiaux au cœur même du Havre, tel celui de la Vallée, et à la plantation de nombreux arbres pour colorier le bitume. Toutefois le plus surprenant est sans doute la diversité des essences sélectionnées. Adieu les peupliers ! Voici les palmiers qui ont élu domicile le long de la plage, les liquidambars, les érables et les ginkgos qui habillent les avenues de leurs somptueux coloris d'automne ou encore les tulipiers de Virginie et les tilleuls. Mais on rencontre la nature dans des lieux plus inattendus, au détour des rues. Ainsi ce talus couvert de végétaux, troènes, *lonicera*, fusains, taillés en boules donnant l'impression, vu d'en haut, d'une mer qui moutonne.

Charme et douceur sont les deux mots clés de Chantal Sayaret, élue en charge de l'Environnement. C'est ainsi que de petites scènes embellissent les trottoirs tout en excluant la banalité. Un morceau de Méditerranée surgit devant l'office du tourisme en mêlant *phormium, perovskia et gaura* pleins de légèreté. Ailleurs, à l'ombre de son arbre choisi avec soin, une fontaine entourée de beaux pavés invite à la pause.

La végétation s'installe jusque dans les parkings qui sont paysagés. Des talus couverts de symphorines taillées irrégulièrement dessinent des ondulations qui cachent les voitures dont seul est visible le toit. Un bel exemple qui fera certainement des émules !

Les jardins familiaux

Les jardins familiaux ont été implantés sur des terrains acquis par la ville du Havre pour être mis au service des habitants de certains quartiers. Le but était de favoriser les rencontres entre gens que le sort n'a pas toujours épargnés, de les aider à y trouver bonheur et profit, tout en s'épaulant mutuellement. Le résultat est positif puisque nous n'avons rencontré que des jardiniers heureux. Heureux de cultiver les légumes dont ils ont envie et de se retrouver entre copains. Travail, respect, détente sont les trois mots le plus souvent évoqués. Toutes les parcelles, de 150 à 200 m^2, sont tirées au sort et constituent, en dehors du plaisir de jardiner, un lieu d'échange et d'entraide. Le jardin familial de Sanvic-Bléville est le plus important avec ses 147 parcelles. Les potagers y sont très fleuris et des bordures de pois de senteur et de roses trémières éclatent de couleur sur le vert des légumes, faisant concurrence aux fleurs d'artichauts ou de courgettes. Chacun dispose d'un petit cabanon, aménagé avec ingéniosité pour rentrer les outils et prendre du repos mais c'est, avant tout, un lieu de convivialité. On y accueille les voisins-amis. Des girouettes et des enseignes en forme d'oiseaux ou de brouettes, fabriquées avec humour et imagination, personnalisent d'une façon fort sympathique chaque parcelle. Tous apprécient cette camaraderie, résumée par l'un d'eux : "Ici, on blague, on est bien entre hommes ; c'est un peu la récré !"

Le jardin familial du Bois de Bléville est un grand îlot de verdure, entouré de tours où habitent la plupart des jardiniers qui travaillent sur ces 20 parcelles de potager. Là, les fleurs se font plus rares et l'on n'y aperçoit que des légumes. Pas une mauvaise herbe à l'horizon. Des forêts de bâtons soutenant haricots et petits pois se dressent en ordre de bataille ; au garde à vous, les plants de tomates ou d'aulx et, sagement alignés, les poireaux et les salades. Seules les courgettes et les potirons ont le droit de s'avachir un peu. L'un des jardiniers nous confie qu'il n'achète plus un légume et que les faire pousser est un vrai plaisir. Un autre échange des plants de tomates contre des oignons et des échalotes pendant qu'un troisième demande conseil à un voisin. Dans l'air flotte une merveilleuse odeur de menthe accentuée par le parfum du thé qui se prépare.

Tout ce petit monde est très organisé.

Dès qu'une rangée arrachée ou récoltée se libère, elle est immédiatement replantée. Les rotations sont très rapides et cela permet une grande diversité dans la production. Tous les légumes courants défilent et se succèdent : carotte, oignon, pomme de terre, haricot, aubergine, betterave. Pour ne pas se laisser déborder par des récoltes trop abondantes, tous échelonnent leurs plantations tous les quinze jours. Aucune perte de temps ni d'espace. Si les échanges de plants, de semences ou de légumes sont monnaie courante, l'entraide est à la base de tous les rapports. Lorsqu'on a besoin d'un coup de main, d'un conseil ou d'un outil, le voisin est déjà là. Ainsi un des jardiniers de l'association vient-il de terminer une superbe serre abritant maintenant les tomates d'un camarade qui ne savait comment s'y prendre ! Tout le monde s'interpelle, plaisante : "On est bien, on travaille, on discute et on est tranquille". Une visite qui force la sympathie.

Cinq jardins familiaux existent déjà au Havre et d'autres vont prochainement voir le jour pour renforcer cette politique sociale, de rencontres et d'aide décidée par la ville. Le plus grand est à l'heure actuelle celui de Sanvic-Bléville. Plus petits sont ceux de la Mare-Rouge, du Bois de Bléville ou de la Vallée. Pour l'instant, le jardin familial des Neiges est le seul à se trouver dans un quartier au sud du Havre. D'autres sont en projet.

Pour se renseigner sur les jardins familiaux de la ville du Havre

"Les Neiges" 27, rue Jean-Caurret 76600 Le Havre
T. 02 78 38 74 33

"Vallée Béreult" 12, rue Béreult 76600 Le Havre
T. 02 35 49 30 51

"Sanvic / Bléville" 34, rue Jean-Weber 76600 Le Havre
T. 02 35 46 85 09

"Bois de Bléville" 16, allée Pierre-de-Coubertin 76600 Le Havre
T. 02 35 46 60 00

"Sous-Bretonne" 34, rue Jean-Weber 76600 Le Havre
T. 02 35 46 85 09

"Caucriauville Le Mont-Lecomte" 25, rue de Saint-Wandrille 76620 Le Havre
T. 06 80 51 68 26

"Mare Rouge" 53, rue Henri-Wallon 76620 Le Havre
T. 06 62 06 51 39

"Graville" 68, rue Gustave-Flaubert 76600 Le Havre
T. 02 35 19 38 09

"Bléville" 39, rue Lyon-Malon 76620 Le Havre
T. 06 68 11 12 07

"Dollemard" 34, rue Jean-Weber 76620 Le Havre
T. 02 35 46 85 09

"Edreville" 34, rue Jean-Weber 76620 Le Havre
T. 02 35 46 85 09

Le jardin japonais est administré par le Port autonome du Havre. Il est ouvert uniquement sur rendez-vous pour des visites guidées. Pour le visiter, vous pouvez vous adresser à l'Office du tourisme du Havre.

Pour sceller l'amitié entre les deux grands ports d'Osaka et du Havre, un échange inattendu fut imaginé. Osaka aidait à la création d'un jardin ; le Havre installait au Japon un musée du vin. C'est ainsi qu'en 1992 est né ce jardin japonais. Conçu par la paysagiste Yasuko Miyamae et son homologue français Samuel Craquelin, il rassemble sur 2 000 m^2 tous les signes chers à la culture japonaise et dont il faut avoir quelques notions pour en saisir la richesse. C'est pourquoi un guide est toujours là pour expliquer et faire apprécier un cheminement chargé de symbolique où chaque objet, chaque plante, a une signification, que ce soit dans la façon d'être travaillé ou dans le choix de son emplacement.

Osaka a fait don des ponts de pierre, des grandes poutres en cryptomeria qui servent de portail d'accueil, des lanternes fort anciennes ou encore des *tsubukaï* ; même les carpes Koï sont venues... en Concorde ! Les deux paysagistes ont travaillé ensemble, sans rien laisser au hasard pour arriver à créer un vrai jardin japonais. Sorti du néant, il a nécessité d'énormes quantités de terre pour simuler des vallonnements et des tonnes de graviers pour les allées bordées aujourd'hui de gros bambous. C'est maintenant un lieu propice à la sérénité et à la rêverie, où le minéral et le végétal taillé s'harmonisent avec en bruit de fond, l'eau et l'horloge qui rythmait déjà les heures de travail des dockers en 1910.

Les premiers pas dans le jardin conduisent à un *tsubukaï*, fontaine creusée dans la pierre et surmontée d'un bambou d'où l'eau s'écoule goutte à goutte. On doit s'y purifier en se mouillant les mains et le visage. Tout à côté, une première lanterne de pierre représente la lumière divine qui doit guider nos pas vers la méditation. Dans ce lieu dédié à la gloire de deux grands ports, le rôle de l'eau est évidemment important. Une plage de galets et deux énormes blocs de pierre, symbolisant Le Havre et l'entrée du port, bordent un étang qui est la représentation des océans Pacifique et Atlantique réunis.

Ailleurs des bassins dessinent un "8", chiffre de la sagesse. En allant vers "la montagne", on passe devant un petit pont gardé par un érable *palmatum dissectum* formant un grand dôme, magnifique à l'automne lorsqu'il devient tout rouge. Puis on approche de l'île de la Tortue, symbole de longévité. De chaque côté une rivière ; l'une, à la pente très douce est le symbole du ying et l'autre, tumultueuse et au trajet abrupt, celui du yang.

L'eau crée un effet de miroir qui amplifie la couleur et la finesse du feuillage des érables. Le long des rivières, ce sont aussi de petits saules, des *ophiopogon* semblables à des herbes, des bambous dessinant des moutonnements et adossés à de petits pins taillés, animant les berges. Même la bouillie bordelaise d'un ton un peu passé met une jolie couleur bleutée sur les troncs des arbres.

Les fleurs sont également présentes : iris, hortensias taillés en plateau, azalées, camélias, rhododendrons allant du blanc rosé au violine sans compter les *enkianthus*, cerisiers ou nandina. Ici, tout doit être impeccable, assure Maurice Trus qui faisait visiter ce jardin et avait en charge la taille de tous les végétaux. "Le jardin doit toujours rester propre car ça permet aux éléments de bavarder entre eux", aimait-il à dire. Il vient de prendre sa retraite mais revient souvent dans ce lieu où il se sent si bien.

Le jardin potager.

Les jardins privés

Le Havre et ses environs

Le Havre recèle des jardins incroyablement divers au cœur même de la ville mais il faut aller à leur découverte. Ils se cachent, en effet, à l'abri de hauts murs ne laissant apparaître que la cime des arbres ; ils se dissimulent derrière des portes dont rien ne laisse supposer qu'elles ouvrent sur une nature abondante ou se nichent en haut d'escaliers escarpés. Ces jardins diffèrent les uns des autres par leur taille, mouchoirs de poche ou vastes espaces, par leur situation, en pente douce ou raide, par leur style surtout. Certains sont sauvages d'autres romantiques ; les uns classiques les autres inattendus ; plutôt léchés ou de composition libre. Il en existe même qui nous transportent sous d'autres horizons. Pourtant ces jardins ont tous un point commun. Leurs propriétaires partagent la passion du jardinage ; ils sont heureux de vivre comme à la campagne mais, qualité de vie oblige, en profitant de ce qu'offre une grande ville et à proximité de la mer. Dans ces havres de nature, le cri des mouettes rappelle à chaque instant la présence de la mer.

Un jardin tout en détail

En traversant la maison de Christophe Rothacker pour accéder à son jardin, on est tout de suite plongé dans une ambiance à la fois sympathique, chaleureuse et vivante, due sans doute à ce souci des détails qui lui est cher et aux nombreux objets chinés patinés par le temps. D'immenses fenêtres plongent sur la végétation et la continuité est si bien établie entre la maison et le jardin que l'on ne sait plus très bien si c'est la nature qui rentre ou la maison qui sort ! Un même ton gris très doux, ni vert ni bleu, s'impose partout, sur le bois recouvrant la maison comme sur tous les objets, des tables aux jardinières.

N'allez pas croire que Christophe a eu la chance de trouver dans le centre du Havre un très ancien jardin aux fortes réminiscences italiennes. Il a tout conçu, dessiné, créé : le bassin a été creusé, la terre repoussée pour planter des massifs sur les côtés et des graviers apportés en masse. Ici, aucune trace de banalité ou d'agressivité, ni dans les formes, ni dans les couleurs des objets comme des plantations.

Rien n'est laissé au hasard.

Le canal est dessiné juste dans la continuation de la véranda et peut être vu du salon au premier étage. Les buis taillés dans des pots disposés en trios répondent à ceux qui sont de l'autre côté de l'eau, tout comme les tables ou même les jardinières. Et, miracle, le résultat est incroyable de naturel.

Christophe a donné à son jardin une forte structure mais qui sait rester discrète pour laisser le charme opérer. Costumé de vert et de blanc afin d'être beau aussi en hiver, il est juste parsemé de touches colorées : rose des lotus, bleu de l'hortensia ou des petites campanules, souvenirs de jardins d'enfance. Une petite maison sert d'abri en hiver pour les plantes fragiles et pour Christophe qui aime y prendre son café au milieu d'une collection de bois flottés et de troncs aux dessins étranges, sélectionnés avec soin.

"J'aime travailler l'eau et si j'avais pu, j'aurais créé des cascades". En attendant, dans une vasque, il s'est amusé à métamorphoser un tipi en bambou recouvert de lierre en un jet d'eau, en choisissant des variétés aux feuilles frisottées et très découpées pour prouver l'illusion ! En plus du canal, il n'a pu résister au plaisir de creuser un bassin dans une seconde partie du jardin. Là, iris, graminées, *miscanthus* 'Zebrinus' et plantes aquatiques dont le très graphique *thalia*, aussi superbe par ses fleurs violet foncé que par ses feuilles, tiennent compagnie à de nombreux poissons.

Passant sous une petite arche, on entre dans un autre jardin totalement différent, domaine réservé à son ami médecin qui vient y travailler tous les soirs pour se vider la tête avant d'attaquer la soirée ; il y a juste mis sa griffe en créant le bassin. C'est un potager d'esprit médiéval, disposé en carrés entourés de traverses en bois dont chacun est personnalisé par un végétal taillé ; des bambous empêchent le chien de les traverser. Tout autour, les fleurs colorées sont cette fois bien présentes, mais interdiction de sauter le mur ! En projet, une maison dans le Calvados, moulin ou vieille école, et parions qu'il y aura des cascades.

Vue sur mer

Tout en grimpant les escaliers derrière Raoul Dollat pour atteindre sa maison et son jardin, on se demande s'il n'a pas voulu reproduire la cabane de son enfance perchée dans les arbres ! Sitôt franchie la porte d'entrée, un premier escalier très fleuri permet d'accéder à une terrasse. On continue l'ascension en passant devant de petits espaces joliment plantés pour arriver à de larges marches recouvertes de gravillons bloqués par des traverses de chemin de fer ; le tout dans une tonalité grise qui annonce la couleur de la terrasse et de la maison en bois auxquels on parvient enfin.

Là, s'offre une vue superbe avec, à l'infini, le ciel et la mer ; ajoutez le calme, juste troublé par les oiseaux, à deux pas du centre ville, à deux pas de la plage, mais au cœur d'une grande cité. Voilà l'art de vivre choisi par Raoul. A propos du jardin, son credo est clair : "Ça ne doit pas être une servitude ; si les plantes ne se plaisent pas, tant pis". Les clôtures en béton ont vite disparu sous les bambous et la vigne vierge tandis que les plantes du Midi s'installaient en abondance. Tout explose : lavandes, valérianes, plumbago rampant ou camomille.

"Moi, je préfère les jardins envahis, un peu foutoirs" dit Raoul mais, peut-être, le maître mot est-il simplement : vivant. En effet, avec ses objets régulièrement chinés, poteries, gargouille, rince-bouteille, brocs, vieux pots, chaque recoin de son jardin déborde de vie et de charme soulignant ainsi le côté déjà naturel des plantations, accentué par des fleurs arrivées de leur propre chef et qui vont où elles veulent. Derrière la maison, un petit verger offre pommes, poires et cerises que Marius, son fils, adore cueillir lorsque l'arrosage, son passe-temps favori lui en laisse le loisir.

Plantes et plumes

Les plantes et les oiseaux sont les deux passions de Chantal Renard. Lorsqu'elle s'installe dans cette maison de Sainte-Adresse, le sycomore, le saule pleureur et l'aubépine sont bien les seuls végétaux dignes de l'accueillir. Le reste, un gazon cerné par une bande de béton et deux carrés de rosiers sans intérêt, la désespère. Aussi, durant plusieurs années, va-t-elle visiter des jardins, tâtonner, faire des erreurs avant de trouver enfin, il y a huit ans, le style adapté à ses envies et à la configuration de son jardin. Il sera très dessiné avec des rectangles de buis au milieu d'une pelouse décorée de belles poteries où le buis, cette fois taillé en boule ou en pyramide, attirera le regard même en hiver.

L'austérité est contrebalancée par une *mixed-border* mariant des plantes de structure différente : hortensias, rosiers, dahlias ou arbustes persistants comme les camelias, l'oranger du Mexique et le fuchsia *magellanica*. Le béton a vite été remplacé par des allées de graviers où s'étalent à l'envi des géraniums vivaces. Devant la maison aux marches habillées de lierre, une glycine au tronc énorme crée un pont entre l'escalier et la terrasse. "Ce que j'aime dans ce jardin, dit Chantal Renard, c'est d'avoir eu les idées, de l'avoir fait toute seule et d'être heureuse du résultat". Ici le calme règne, troublé uniquement par le chant d'une cinquantaine d'oiseaux, autre passion de Chantal. Plusieurs volières, dont une très grande, hébergent des oiseaux aux multiples couleurs tenant compagnie à des lapins et même à une petite caille sans oublier les autres rois de ce paradis : chien, chat, tortue et poissons rouges !

Jardin méditerranéen

"La villa des oliviers" mérite bien son nom. Passée la porte, à côté d'une grande poterie d'Anduze, un magnifique olivier, choisi comme tous les autres pour sa belle ramure, fier symbole de ce petit paradis méditerranéen, émerge d'un tapis de lavandes. A l'ombre du Prieuré de Graville, Madame Zarah Gharram et son fils Kamel ont su reconstituer avec bonheur l'ambiance de leur Algérie natale et la visite de ce jardin, si inattendu au Havre, engendre étonnement et admiration. Par un escalier en carrelage bleu, on accède à une terrasse débordant de poteries et de fleurs. Un petit bassin abritant des carpes et d'immenses iris jaunes donne un peu de fraîcheur dont on profite dans un beau siège en rotin. Difficile d'imaginer qu'il y a cinq ans, c'était une étendue de béton !

Très à l'aise, les oliviers, l'abricotier et les figuiers font un concours pour savoir lequel donnera la récolte la plus abondante ! Kamel s'occupe surtout des fleurs et des arbres, sa mère des légumes et des fruits du potager qu'elle aimerait bien agrandir malgré ses 85 ans. Après avoir admiré lauriers, palmiers ou *dracaena* resplendissant de santé, on emprunte un petit escalier en bois et briques passant sous une treille aux grappes prometteuses qui conduit à un jardin en contrebas. Là d'énormes touffes de romarin accompagnent des yuccas et surtout des figuiers aux fruits blancs ou violets, un amandier, un figuier de barbarie et un grenadier. Parfois, comme pour ce dernier, c'est la mère de Kamel qui a simplement rapporté un rameau d'Algérie et, comme elle a la main verte, il devient vite un bel arbuste.

La maison de Nantucket

Cette jolie maison entièrement recouverte de bois gris, rappelle celles des chasseurs de baleine de *Moby Dick*. Décidément, la mer n'est jamais loin au Havre ! Devant la maison, Véronique Legrou a créé un jardin tout en douceur. Douceur de la pelouse qui descend en pente douce avec son pommier, dont l'ombre invite à la sieste, et ses massifs fleuris qui s'avancent en dessinant des festons. Douceur du perron, encadré de plantations qui prolongent l'arrondi de l'escalier : santoline, *convolvulus*, lavande, *gaura*, campanule 'Loddon Anna', érigeron ; toutes sont des plantes légères aux coloris doux, jusqu'au feuillage du géranium, gris et blanc.

Douceur encore sous le laurier taillé comme un parasol pour faire profiter de son ombre accueillante une table et son banc. De là, une échappée pleine de charme invite à emprunter une petite allée recouverte d'un laurier-tin menant à de magnifiques hortensias. Au fond du jardin, faisant compagnie à un cabanon, d'autres hortensias dont on retrouve les coloris doux dans les massifs qui empiètent généreusement sur la pelouse : lavande, géraniums vivaces, hortensia *quercifolia* mêlés aux rosiers ou au fuchsia *magellanica*. Disséminés, de nombreux sièges et chaises longues font vite comprendre que Véronique a voulu faire régner dans son jardin la douceur de vivre.

Chaumière dans la ville

En poussant la porte d'Annie et Richard Vielles, rien ne prépare à la surprise qui va suivre. Il faudra, en effet, attendre d'être dans le jardin, puis de se retourner pour finir par s'apercevoir que cette maison en pierre et silex est une chaumière, avec un vrai toit de chaume. Au beau milieu d'une ville, ce n'est tout de même pas courant !

Auparavant, c'était une étable au beau milieu d'un amoncellement de pierrailles et de cabanes à lapins ; sans doute fallait-il une bonne dose de courage et d'imagination pour songer à transformer cette "zone" en un beau jardin ! Un massif blanc attire tout de suite l'attention avec des rosiers, épaulés par de magnifiques *hydrangea quercifolia* et surtout, jaillissant jusqu'à près de trois mètres, un *romneya coulteri* aux énormes fleurs blanches avec un pompon jaune en guise de cœur. Conçu pour se découvrir peu à peu, ce jardin ménage assurément au visiteur les surprises qu'on lui a réservées. C'est ainsi que, de chaque côté, une avancée d'*hydrangea*, prolongée par des buis, rétrécit le champ de vision donnant une impression de profondeur, accentuée par des ifs sculptés en forme d'arche. Un banc en *Red Cedar* gris, style Luytens, est mis en valeur par les hortensias roses contre lesquels il s'adosse, à l'abri d'une haie vert foncé de thuyas taillés, laissant juste apparaître le feuillage arrondi et clair de jeunes tilleuls. Partout une pelouse impeccablement tondue, tel un tapis de velours, souligne les bordures dessinées à angles droits et les plantations d'hortensias rouge foncé. Enfin, on sort du jardin par un adorable passage très étroit, entièrement tapissé de vieux hortensias palissés comme des arbres fruitiers, contraints à pousser en hauteur.

Des mariages inattendus

Dans le jardin de Catherine Bokanowski, les fleurs doivent apprendre à se supporter les unes les autres et à se débrouiller seules car elle aime créer à son idée et planter de tout, en abondance ; mais après... "mon jardin doit vivre sa vie". D'où une impression de luxuriance et des cohabitations inhabituelles très réussies. Ne croyez pas cependant que ce soit la jungle ! Les plantes ont toute liberté mais dans un cadre bien déterminé : deux massifs de chaque côté de la maison, décorée de guirlandes de fleurs de la passion, et une plate-bande aux avancées irrégulières faisant face à la terrasse en bois.

Dans chaque massif encadrant la maison, un figuier sert de pivot, entouré d'un oranger du Mexique, d'*althea* et d'acanthe, laissant juste une menue place à une rose et à des artichauts sortant des feuilles de capucines. Ou bien, le figuier prête ses branches à un chèvrefeuille et à un jasmin, avec à ses pieds pivoines, roses, sauge et menthe. Ces mélanges très amusants de fleurs et de légumes se retrouvent de l'autre côté de l'allée, avec des framboisiers qui se nichent au milieu des hortensias ou une clématite donnant l'illusion que le rhododendron où elle s'insinue a des fleurs bien inhabituelles ! Un gros sapin, bon enfant, accepte d'abriter un kiwi, un rosier, un lierre et un chèvrefeuille, résumant, presque à lui seul, l'esprit de ce jardin.

A flanc de colline

Il y a environ dix ans, Elisabeth Dubosc a attrapé le virus du jardinage qui, depuis, ne l'a plus lâchée. Elle est heureuse... dans son jardin. "Jamais, avoue-t-elle, je n'aurais confié mon jardin à quelqu'un d'autre, c'est trop personnel". Elle s'occupe de tout, plantations, semis, désherbage et, le jardin étant en pente, c'est dur. En arrivant, elle n'a trouvé qu'un amas de pierres et de ronces ; mais, en nettoyant, d'anciens pieds de marguerites et d'anémones du Japon ont montré le bout du nez et lui ont redonné courage. Le résultat est un jardin à l'aspect un peu sauvage, discrètement mais sévèrement surveillé et plein de charme où tout ce que plante Elisabeth prend des proportions incroyables. Sa règle : ne pas s'acharner à planter ce qui ne s'y plaît pas.

Une terrasse, décorée de potées d'agapanthes et d'un hortensia 'Annabelle', invite à profiter d'une très belle vue dans des meubles en *Red Cedar*. Un petit escalier planté d'érigérons permet de descendre le talus en pente raide au flanc couvert d'énormes massifs d'hortensias, de spirées, d'anémones du Japon, d'alchemilles, de pavots et de graminées. En bas, fougères et géraniums vivaces roses mordent largement sur le gazon et un arbre se décore de guirlandes de roses 'Wedding Day'.

Tonnelle romantique

Le jardin de Martine et Francis Carliez n'est pas grand et c'est justement cela qui les a séduits. Tout y est concentré, le charme comme les réussites dont on peut être fier sans pour autant devenir un forçat de la terre. Sur le moment, on n'a d'yeux que pour l'extravagante glycine qui éclipse le reste. Elle démarre en bas de l'escalier, remonte en habillant la rampe puis se met à courir le long de la pergola qui délimite la terrasse couverte en la décorant d'une guirlande mauve. Une bignone orange, au tronc énorme, essaie de lui faire concurrence.

Francis Carliez aime les jardins colorés : en bout de terrasse et, ouvrant sur la maison, une jolie petite serre-véranda abritant un bougainvillée rose clair, coloris peu courant, et un généreux plumbago. Dans ce jardin très abrité des vents, les massifs d'hortensias, camélias, bruyères violette et blanche, genêt blanc, *fremontodendron* jaune ou azalées ne mettent pas longtemps à s'imposer. Martine avoue s'être souvent trompée car elle aime acheter sur un coup de cœur et l'élue n'a pas toujours le bon goût de se plaire chez elle. Son mari, très actif au jardin, s'escrime, lui, pour avoir des fleurs toute l'année.

Un jardin d'arbres ... et de fleurs

L'allée très étroite qui conduit au jardin d'Anne Cauvigny et de son mari est déjà le fruit des concessions que les deux époux, forts d'avis divergents sur les plantations, sont amenés à se faire l'un à l'autre. Lui aime les arbres et les arbustes ; elle, les fleurs. A droite, c'est la partie d'Anne avec de nombreuses fleurs dont toutes les boutures des amies ; à gauche, les fruitiers en espalier de son mari alternant avec des rosiers, où elle ne peut parfois s'empêcher de planter en catimini. A l'entrée du jardin, un superbe *prunus serrula*, à l'écorce d'un rouge acajou brillant, signale le choix méticuleux fait pour chaque arbre.

Un pin de belle taille, des poiriers d'ornement et des prunus se disputent la vedette ; mais il y a aussi tous les arbres, érables ou ginkgo, plantés chez le voisin avec son accord pour construire un mur végétal cachant jusqu'au moindre mètre d'immeuble. Prolongeant la terrasse en bois, des végétaux taillés, troène panaché, houx, buis, décorent, même en hiver, les abords de la maison. Deux rosiers blancs réveillent cette composition verte et l'on retrouve souvent ce coloris qui éclaircit les coins ombragés. Anne a conçu ses plantations pour que le jardin change de couleur au gré des saisons : rose et rouge au printemps, il revêt un habit bleu et blanc en été. Bientôt, des graminées arriveront pour alléger certains massifs.

Entre ciel et mer

Depuis douze ans, Catherine Dejean de la Bâtie habite cette maison blanche et bleue, qui, selon le temps, s'accorde avec le ciel ou la mer. Une grosse potée de lavande bleu foncé réserve un accueil au parfum si fort qu'il vous poursuit longtemps dans cet escalier de pierres qui permet de découvrir, palier par palier, trois petits jardins d'esprit bien différent.

Dans le premier des trois, les fleurs laissent la vedette à une vue de rêve sur la mer. On passe devant une jolie scène associant des impatiens inhabituels à pétales pointus à un hortensia panaché aux fleurs roses avant d'arriver au second jardin, situé à l'arrière. Là, les pois de senteur, lavatères arbustives et valérianes créent une dominante rose que vient seulement troubler le jaune des fleurs de santoline ; les lauriers, en boule ou en pyramide, se chargent de mettre un peu de rigueur. Le dernier jardin, petit potager tout en longueur, est placé sous la surveillance de tournesols géants. Partout, se cachent d'étranges personnages en fer, pleins d'humour, mi-humains, mi-animaux.

Le jardin comme une pièce à vivre

C'est à flanc de colline que ce jardin et sa maison habillée de bois ont été construits. Démarche assez rare, Nathalie Quelquejay et son mari ont demandé à l'architecte de construire la maison autour du jardin. Elle épouse ses contours et toutes les pièces s'ouvrent sur lui comme des rez-de-jardin. La nature entrant généreusement, nul besoin de plantes d'intérieur ; en revanche, il faut s'appliquer à faire du jardin un décor coloré en toute saison. D'où une recherche permanente dans le choix et la disposition des plantes pour étaler dans le temps leur aspect décoratif - feuillage, fleurs ou fruits - et pour harmoniser les couleurs. Un bel exemple est l'association d'un *photinia* et d'un érable aux feuilles rouges à l'automne, d'un pommier décoratif aux minuscules pommes de la même couleur et d'un amélanchier dont les baies violet foncé rehaussent cette harmonie. Très vite la viorne prend le relais du forsythia et les géraniums vivaces celui des jonquilles.

A la fois pour structurer le jardin et se protéger du voisinage, une haie de hêtres a été plantée puis doublée d'arbustes à cause du vent. Ainsi, berbéris, *weigelia* panaché, tamaris ou lilas font-ils ressortir leurs floraisons sur ce fond vert. A leurs pieds, des couvre-sols, lamier, fougères ou lierres ont à leur tour été recouverts par les branches les plus basses. Près du garage, cornouiller, spirée et rosier *rugosa* à aiguillons rouges s'entremêlent, préservant ainsi une allure très naturelle. D'ailleurs, dans ce jardin, vous ne trouvez aucun élément compliqué et, seuls, les végétaux poussant généreusement dans la région ont été sélectionnés.

Le jardin potager

Non loin du Havre, imaginez un grand parc. Il est ombragé de beaux arbres dont un thuya vieux de 150 ans ; il y a des plans d'eau, des bassins couverts de plantes aquatiques et une rivière qui créent autant d'ambiances différentes. Au beau milieu d'un bel espace, surgit soudain un grand carré enchâssé dans l'herbe verte comme un bijou. C'est un adorable potager composé de petits carrés. "Mon jardin privé" dit sa créatrice en nous le présentant. Entièrement clos d'une jolie barrière au dessin simple et léger, il n'a que trois ans mais il est déjà trop petit tant les plantes ont poussé avec vigueur. Des oies et des poules rigolotes en fer cohabitent avec une vraie cane venue là couver ses petits en toute tranquillité sous la surveillance d'une sculpture-oiseau provenant d'un arceau en bois qui faisait partie du gabarit d'un tonneau. Les fleurs et les légumes s'y mêlent joyeusement pour transformer ce potager en un lieu de charme et de poésie.

Le long de la barrière qui encercle le potager, s'appuyant contre elle ou l'enlaçant, les fleurs ont élu domicile : rosiers, chèvrefeuille, delphinium, *gauras* ou verveines de Buenos-Aires laissant toutefois quelques légumes s'immiscer entre elles. Les carrés, eux, sont plantés essentiellement de légumes : fenouil, tomates, bettes, haricots partant à l'assaut de tipis en bambous, plantes aromatiques ou poireaux montés qui ressemblent à s'y méprendre à de l'ail. Mais ils laissent gentiment de somptueux pavots leur tenir compagnie et acceptent d'être entourés de petites bordures de thym, de pensées noires, de ciboulette ou de campanules.

Ce potager ressemble à un jardin médiéval par son implantation et à un jardin de curé par ses plantations, surtout lorsque l'absinthe côtoie les *anaphalis*, la camomille, l'*astrantia* rouge et le feuillage rouge foncé du *cimicifuga* celui des roses. La sortie s'effectue en beauté car, en face, comme à la parade, les rosiers 'Pierre de Ronsard', 'Cardinal de Richelieu', 'American Pillar', accompagnés de liserons laissent éclater leurs floraisons. Chaleureuse et philosophe, cette passionnée avoue : "Au jardin, j'ai beau travailler, je ne me fatigue jamais ; si je le pouvais, j'y resterais bien toute la journée !"

Le jardin d'hiver

Si pour vous, vie et nature sont indissociables et si vous habitez la Normandie, il ne vous reste plus qu'une solution : le jardin d'hiver. C'est pourquoi nos hôtes décidèrent d'en créer un leur permettant d'être dans la végétation à tout moment ; depuis, ils ont presque abandonné les autres pièces. Devenu le centre vital de la maison, ils s'y retrouvent tous, entourés de plantes exotiques : grands beaucarnea *ou graphiques* aeonium *noirs.*

Un sculpteur de végétaux

Elisabeth et Emmanuel Maurisse habitent de belles écuries datant de 1878. Leur souci fut de les aménager pour laisser entrer la nature mais aussi pour voir le clocher du village de la pièce la plus lointaine. Ainsi une grande perspective a-t-elle été créée en prolongeant la maison d'une véranda, d'une pelouse animée de buis bas et sculptés, les massifs étant repoussés sur les côtés et, dans le fond du jardin, d'un rideau d'arbres taillés pour permettre au regard de vagabonder. Ce jardin classique, a été conçu pour être facile à entretenir car c'est l'époux qui fait tout : "Je n'aime pas que l'on s'occupe de mon jardin à ma place" ; même sa femme n'ose toucher aux topiaires qu'il réalise au jugé.

Si, devant la maison, le buis dessine une haie droite, il se transforme en boules et pyramides traçant des diagonales sur la pelouse en compagnie d'ifs sculptés sur plusieurs niveaux. La couleur dominante de ce jardin aux végétaux soumis à la cisaille est le vert, et le massif assemblant hêtre pleureur, genévrier et hostas offre une gamme de tons qui traduit l'intérêt et les recherches de ce jardinier. "En aucun cas, je ne veux avoir l'air de plagier la nature", dit-il en conclusion.

Un jardin très convivial

En guise de bienvenue, des arums et d'énormes pivoines. Passée l'arche en pierres, voici tout de suite la maison qu'accompagne tout du long une terrasse en bois, animée par des *surfinia* rouges et des ifs taillés jouant avec de nombreuses plantations.

Devant chaque porte, un ponton interrompt la haie de la largeur d'une table et les massifs de fleurs qui décorent les abords. Cœurs de Marie, hortensias, rosiers et œillets blancs se bousculent gentiment autour du troène en pot, dont les minuscules feuilles sont taillées en boule, tandis qu'un peu plus loin, un pin mêle ses branches à des iris. La perspective a été créée pour apercevoir, depuis la maison, le jardin d'eau en contrebas, puis, au-delà, la prairie où s'ébattent poneys et chevaux.

Jaillissant d'une grenouille installée à côté de la terrasse, l'eau s'écoule dans un lit de galets creusé dans la pelouse, pour se jeter plus bas dans le bassin et passer sous un petit pont de grandes pierres plates. Là un coin romantique, avec table et chaises en fer, a été installé pour prendre le café avec, en bruit de fond, l'eau qui murmure. Perdu au milieu de bambous dorés, d'iris, de graminées, *hakonechloa* ou ophiopogon, et de géraniums vivaces, c'est un petit coin de paradis ; on y accède en passant sous une tonnelle où s'enlacent étroitement chèvrefeuille et glycine. Notre créateur paysagiste, qui veille à tout dans le jardin, avoue qu'il travaille "au feeling", n'hésitant pas à déplacer, et déplacer encore, les plantations jusqu'à ce qu'il tombe enfin, sur leur emplacement idéal.

De chaque côté du point d'eau, il a su associer dans des massifs, de beaux arbres -bouleau, seringat ou *acacia tortuosa*, taillé pour mettre en valeur sa charpente- avec des vivaces et des arbustes comme les viornes ou les daturas. Très sensible aux harmonies, il a marié le vert d'un érable *palmatum dissectum* avec le rouge foncé des feuilles d'une spirée et le vert chartreux des alchemilles. Si le coin réservé au café est au bord de l'eau, celui voué au déjeuner, plus classique, est sur la terrasse ; à l'opposé se boit le thé et sous les arbres, l'apéritif. Un jardin pour un art de vivre certain !

Jardins temporaires

Le jardin rouillé

Pendant trois jours de juillet 2001,
les "Jardins temporaires" ont animé, pour la seconde fois, le quartier de l'Eure. C'est en fait l'histoire de quatre amoureux de ce quartier, Patrick Henry, Agnès Lapassat, Gwenaëlle Ruellan et Marc Vatinel qui, inquiets d'un projet d'aménagement, décident de sensibiliser les habitants. Ils connaissent l'expérience des jardins temporaires réalisée à Berlin en 1997 et l'importe au Havre. Il s'agit, au cours d'une promenade, d'expliquer et de faire comprendre ce qu'est un paysage urbain. Des architectes, des paysagistes mais aussi des artistes, plasticiens ou designers, ont installé chacun leur jardin temporaire. "Land art" ou poésie paysagère, l'objectif a été atteint : beaucoup de Havrais ont découvert ce quartier trop souvent délaissé et pourtant tellement riche de mémoire et avec un tel potentiel. Et si Le Havre devenait le "Berlin" de l'avant-garde artitstique en France dans un site digne des docks londoniens. On peut rêver !

Après la tourmente

Nature humaine

Vol

Cette manifestation accompagne le projet de développement du quartier de l'Eure. Celui-ci doit le relier étroitement au centre ville et le faire évoluer ; encore faut-il qu'il garde son caractère. Redécouvrir ou ne pas oublier ces lieux où les traces d'un passé omniprésent doivent constituer une mémoire sans pour autant tomber dans le passéisme, amener les habitants à percevoir à la fois ce paysage et le rôle qu'ils peuvent y jouer étaient les fondements de cette démarche donnant toute son importance aux rencontres et au dialogue. Ces jardins ne peuvent donc être dissociés du décor où ils sont plantés ; décor magique, parfois surréaliste, où ces mises en scène, sources d'étonnements et d'interrogations, emportent vers l'imaginaire et tracent un trait d'union entre ce qui a été et ce qui sera.

Au jardin modifié

Le haricot de Jean-Jacques Golem

Range ta chambre

Dix-sept équipes ont participé à la création de ces “jardins”, reflétant des sensibilités aussi diverses qu’inspirées. En flânant, les Havrais ont parfois découvert ce quartier qu’ils ne connaissaient pas ou qu’ils n’avaient fait, au mieux, qu’effleurer du regard en passant. De nombreux habitants et commerçants ont joué le jeu ; ils ont beaucoup aidé et fait preuve d’une grande solidarité. Peut-être ces rencontres vont-elles aider ce quartier à conserver son identité tout en intégrant le passé dans un avenir en construction.

Le jardin des petits trésors

Jardin portuaire

Sans jardin fixe

Les jardins temporaires sont une initiative de :
Agnès Lapassat, Gwenaëlle Ruellan,
Patrick Henry et Marc Vatinel

Pour les contacter :
20, rue Pierre Guinard – 76600 Le Havre
T. : 02 35 53 16 29
55, rue de Mouzaïa – 75019 Paris
T. : 01 42 40 08 67
L110@wanadoo.fr
lesjardinstemporaires@wanadoo.fr
htpp://www.lesjardinstemporaires.com

Les photos sont de Arnaud Duboys Fresney.

Remerciements

Nous tenons à remercier les nombreux havrais qui ont eu la gentillesse de nous ouvrir leur jardin et de nous consacrer du temps. Nous remercions les responsables des jardins publics qui ont bien voulu nous guider et nous faire partager leur savoir. Nous nous excusons auprès de tous ceux qui nous ont accueillis mais dont nous n'avons pas pu parler faute de place. Notre reconnaissance va à Marc Vatinel ainsi qu'à Julie Limbourg, Samuel Craquelin, Sabine de Montford, Maurice Trus, Laurent (le Divin) et Marcel Gruchy qui nous ont donné de précieuses adresses.

Les collections du Lou du lac

Les coffrets "Esprit des lieux et des choses"
En Provence
En Bretagne
En Côtes d'Armor

Les livres "Esprit des lieux et des choses"
Au fil de la Loire

La collection "Jardins, jardiniers"
Jardins, jardiniers en Bretagne
Le jardin du presbytère, carnet des 4 saisons

La collection "cahiers de cuisine"
Je cueille, je ramasse, je pêche à pied, je cuisine
Je cuisine les poissons et les coquillages

La collection "Envie de ...."
Envie de mer
Envie de Normandie

La collection "Portraits de passionnés"
Portraits de vignerons
Marché de l'Ouest, portraits de producteurs
Une plante pour passion

Le lou du lac éditeurs
5, passage Delessert
75010 Paris
site : leloudulacediteurs.com
contact : herve@leloudulacediteurs.com
T. 01 46 07 51 92 / F. 01 42 05 38 95

Le lou du lac
ÉDITEURS